Michael M. Fleißer

Ökonomisierung der Jugendhilfe - Die Finanzierunginstrumente der Jugendhilfe

GRIN - Verlag für akademische Texte

Der GRIN Verlag mit Sitz in München hat sich seit der Gründung im Jahr 1998 auf die Veröffentlichung akademischer Texte spezialisiert.

Die Verlagswebseite www.grin.com ist für Studenten, Hochschullehrer und andere Akademiker die ideale Plattform, ihre Fachtexte, Studienarbeiten, Abschlussarbeiten oder Dissertationen einem breiten Publikum zu präsentieren.

**Dokument Nr. V50987 aus dem GRIN Verlagsprogramm**

Michael M. Fleißer

# Ökonomisierung der Jugendhilfe - Die Finanzierunginstrumente der Jugendhilfe

GRIN Verlag

Bibliografische Information der Deutschen Nationalbibliothek: Die Deutsche Bibliothek
verzeichnet diese Publikation in der Deutschen Nationalbibliografie; detaillierte bibliografische Daten sind im Internet über http://dnb.d-nb.de/ abrufbar.

1. Auflage 2004
Copyright © 2004 GRIN Verlag
http://www.grin.com/
Druck und Bindung: Books on Demand GmbH, Norderstedt Germany
ISBN 978-3-638-66136-2

Eberhard Karls Universität Tübingen
Institut für Erziehungswissenschaft
Kompaktseminar: Ökonomisierung der Jugendhilfe Sommersemester 2004
Hausarbeit zum Referat vom 16.07.2004
Autor und Referent: Michael Fleißer

# -Ökonomisierung der Jugendhilfe-

# Die Finanzierungsinstrumente der Jugendhilfe

### -Pauschalfinanzierung über Vereinbarung,

### -Entgelte,

### -Fachleistungsstunde und

### -Sozialraumbudget

**Inhaltsverzeichnis:**

1.) Einleitung..................................................................................................3

2.) Abgrenzung...............................................................................................4

3.) Rahmen für Finanzierungsinstrumente....................................................5

4.) Einsatz und sozialrechtliche Merkmale von Finanzierungsinstrumenten.........5

5.) Finanzsituation beim Leistungserbringer................................................9

6.) Finanzsituation bei Kostenträger............................................................10

7.) Die Finanzierungsinstrumente im Einzelnen.........................................10
    7.1) Pauschalfinanzierung über Vereinbarung.........................................10
    7.2.) Entgelte............................................................................................11
    7.3) Fachleistungsstunde..........................................................................13
    7.4.) Sozialraumbudget............................................................................20

8.) Abschließende Würdigung......................................................................24

## 1.) Einleitung

Die Themen Ökonomisierung und die damit verbundenen Instrumente der Finanzierung gewinnen über die letzten Jahre zunehmend an Bedeutung. Die finanzielle Dimension des Themas ist beeindruckend. In 1998 wurden für Ehe und Familie in der Bundesrepublik Deutschland ca. 150 Mrd. € ausgegeben. Dies entspricht ca. 23 % des gesamten Sozialbudgets des Landes. Davon entfallen mit ca. 15 Mrd. € etwa 10 % auf die Jugendhilfe.[1] Die Kostenexplosion im Bereich der stationären Jugendhilfe veranlasste den Bundesgesetzgeber, im Zuge der BSHG-Novellierung auch den § 77 KJHG mit dem Ziel einer Kostenbegrenzung zu ändern. Die Pflegesatzerhöhungen wurden für die Jahre 1996 - 1998 bundesweit auf 1% bzw. 2% jährlich begrenzt. Diese sogenannte "Deckelung der Pflegesätze" wurde von den Einrichtungen und Einrichtungsträgern heftig kritisiert. In der Praxis fühlten sich vor allem Einrichtungen durch die "Deckelung der Pflegesätze" unter Druck gesetzt, die schon bisher sparsam gewirtschaftet hatten und so keine Möglichkeit mehr sahen, unabweisbare Kostensteigerungen aufzufangen. Aufgrund dieser Gesetzeslage musste ein neues Finanzierungssystem für den Bereich der Jugendhilfe geschaffen werden. Die Tendenz, den § 93 BSHG, der die fachlichen Besonderheiten der Jugendhilfe nicht berücksichtigt, unverändert in das KJHG zu übernehmen, sollte verhindert werden. Die Kosten der Heimunterbringung sollten transparenter und für den öffentlichen Träger der Jugendhilfe kalkulierbarer gemacht werden. Der bisher geltende Einheits-/Mischpflegesatz sollte durch leistungsgerechte, differenzierte und prospektive Kostensätze abgelöst werden. Es sollte ein stärkerer Bezug zwischen Leistung und Kostenentgelt hergestellt werden.[2] Bei der Modernisierung der Finanzierungsstrukturen in der Kinder- und Jugendhilfe müsse vor allem beachtet werden, dass das Sozialraumbudget nicht die Gewährleistung von individuellen Rechtsansprüchen verhindern dürfe. Insgesamt sei bei allen Modernisierungsbestrebungen zu beachten, dass betriebswirtschaftliche Konzepte nicht unreflektiert auf die Kinder- und Jugendhilfe übertragen werden können. Die Ausgaben sollten in diesem Bereich den Aufgaben folgen und nicht umgekehrt.[3] Die Jugendhilfe hat seit dem 1.1.1999 ein neues Finanzierungssystem für die teil- und vollstationären Hilfen zur Erziehung mit der Tendenz,

---

[1] Vgl. Lampert, Heinz; Althammer, Jörg: Lehrbuch der Sozialpolitik, sechste Auflage, Lauf a d. Pegnitz 2001. S. 237 und 353.
[2] Vgl. Landschaftsverband Reinland, das Entgeltsystem in der Jugendhilfe S.1-3, unter www./vr.de/Fachbez/Jugend/fuer+Jugendaemter/Erziehungshilfe/arbeitshilfen/entgelt.htm Stand 20.06.2004
[3] Vgl. Die Sachverständigenkommission Elfter Kinder- und Jugendbericht, unter WWW. Bundestag.de/bp/2002/0202049a.html. Stand 25.06.2004

dieses System auch auf die ambulanten Hilfeformen auszudehnen. Die offizielle Begründung der Bundesregierung lautet: -Dämpfung der Kostenentwicklung in der Kinder- und Jugendhilfe, insbesondere im Bereich der stationären und teilstationären Leistungen. - Schaffung einer stärkeren Transparenz von Kosten und Leistungen. -Verbesserung der Effizienz der eingesetzten Mittel.[4] Grundlage der Vereinbarung über Leistungsangebote , Entgelte und Qualitätsentwicklung ist der Dritte Abschnitt des SGB VIII ( §78a-78g SGB VIII). In diesem Zusammenhang tritt das Kontraktmanagement zwischen öffentlichen und freien Trägern der Jugendhilfe in Erscheinung.[5] Die Kostenentwicklung und die mühsame Ursachenforschung zeigen: Es ist vielerorts nicht im geforderten Maße gelungen, die fachliche Steuerung die sehr weit gediehen ist zeitnah mit der Finanzsteuerung zu verbinden. Dazu bleibt es notwendig die dezentralen Entscheidungsstrukturen weiter aufzuwerten und zu qualifizieren.[6]

## 2.) Abgrenzung

Die Ausarbeitung befasst sich schwerpunktmäßig mit den Finanzierungsinstrumenten und Finanzierungsstrukturen der Kinder- und Jugendhilfe. Neben der Entgeltfinanzierung hat im Bereich der Jugendhilfe auch die Förderungsfinanzierung eine starke Tradition.[7] Die Förderungsfinanzierung wird allerdings nicht Gegenstand der Arbeit. Zum besseren Verständnis werden zunächst die allgemeinen und sozialrechtlichen Rahmenbedingungen der Finanzierungsinstrumente dargestellt. Es folgt die verdichtete Situationsbeschreibung bei Leistungserbringer und Kostenträger im Bezug auf die Finanzierungsinstrumente um anschließend die einzelnen Finanzierungsinstrumente besser verstehen zu können. Der Schwerpunkt liegt hierbei auf der Beschreibung und Bewertung der Fachleistungsstunde und des Sozialraumbudgets. Die Arbeit endet mit dem Fazit. Die räumliche Abgrenzung bezieht sich auf die Bundesrepublik Deutschland, ohne dabei jedoch den regionalpolitischen und gesamtdeutschen Kontext aus dem Blick zu verlieren. Die Arbeit versucht eine ansatzweise

---

[4] Vgl. Kröge, Rainer; Leistung, Entgelt und Qualitätsentwicklung in der Jugendhilfe; Online Handbuch zum SGB VIII., S1. unter www.Sgbviii.de/S45.html, Stand 10.07.2004
[5] Vgl. KGSt. Kontraktmanagement zwischen öffentlichen und freien Trägern in der Jugendhilfe, Bericht Nr. 12/1998, S34-41.
[6] Vgl. Hamberger, Matthias –Abschlussbericht Bundesmodellprojekt INTEGRA im Landkreis Tübingen 2003, S 94.
[7] Vgl. Wiesner, Reinhard; die jugendpolitische Bedeutung der Neuordnung der Entgeltfinanzierung, in Kröger, Rainer, Leistung, Entgelt, Qualitätsentwicklung, Neuwied 1999.

Bewertung der einzelnen Finanzierungsinstrumente zu erreichen und begnügt sich nicht mit deren ausschließlicher Beschreibung.

### 3.) Rahmen für Finanzierungsinstrumente

Ab dem 01.01.1999 sind die Jugendämter nur dann verpflichtet, die Kosten der stationären und teilstationären Jugendhilfe zu übernehmen, wenn mit dem Einrichtungsträger Vereinbarungen über die Leistungsangebote, die Grundsätze und Maßstäbe der Qualitätsentwicklung sowie über die differenzierten Entgelte für die Leistungsangebote und die betriebsnotwendigen Investitionen abgeschlossen worden sind.[8] Wie Eingangs erwähnt ist die Grundlage der Vereinbarung über Leistungsangebote , Entgelte und Qualitätsentwicklung der Dritte Abschnitt des SGB VIII ( §78a-78g SGB VIII). In diesem Zusammenhang tritt das Kontraktmanagement zwischen öffentlichen und freien Trägern der Jugendhilfe wie erwähnt in Erscheinung. Die Ziele sind Dämpfung der Kostenentwicklung, Schaffung von Transparenz und Verbesserung der Effizienz der eingesetzten Gelder. Folgende Mittel stehen zur Verfügung. Die Leistungsvereinbarung, die Entgeltvereinbarung, und die Qualitätsvereinbarung[9] Hinter der Leistungsvereinbarung verbirgt sich der Leistungskatalog, also die Frage welche Leistungen erbracht werden müssen beziehungsweise sollen. Bei den Entgeltvereinbarungen geht es darum was für die oben genannten Leistungen bezahlt wird. In der Qualitätsvereinbarung wird festgelegt welche Mindeststandards gelten, damit eine Leistung vereinbart und finanziert wird. Das relativ neue besteht nun darin, dass es sich um drei aufeinander bezogene, sich wechselseitig bedingende Vereinbarungen handelt. Leistungsverträge sollen mit besseren Finanzierungsformen verknüpft werden. Wichtig ist Fach- und Finanzierungsverantwortung möglichst weitgehend an jene Stellen zu delegieren, die unmittelbar die Dienstleistung erbringen. Zentrale Vorgaben zu fachlichen Standards der Hilfen müssen aber vorliegen. Die Steuerung des Gesamtbudgets obliegt dem Jugendamt. Steuerlichen Eventualitäten sind im Kontraktmanagement zu berücksichtigen.

---

[8] Landschaftsverband Reinland, das Entgeltsystem in der Jugendhilfe S.3, unter www./vr.de/Fachbez/Jugend/fuer+Jugendaemter/Erziehungshilfe/arbeitshilfen/entgelt.htm
[9] Vgl. Merchel, Joachim; Leistungsvereinbarung, Entgeltvereinbarung, Qualitätsentwicklungsvereinbarung, in Leistung, Entgelt und Qualitätsentwicklung in der Jugendhilfe; Neuwied 1999, S. 71-83.

## 4.) Einsatz und sozialrechtliche Merkmale von Finanzierungsinstrumenten

Obwohl die Debatte um die Veränderung des Finanzierungssystems bereits seit 1996 geführt wurde, ist in vielen Bundesländern mit der Umsetzung gewartet worden, bis die neue Regelung rechtskräftig wurde. So ist es auch nicht verwunderlich, dass mit der Inkrafttretung des Gesetzes lediglich ein Bundesland - Niedersachsen - die entsprechenden Regelungen umsetzen konnte. Verwundern muss allerdings, dass es bis zum Februar 2001 in den Ländern Bayern, Bremen, Berlin, Rheinland-Pfalz und Schleswig-Holstein immer noch keine entsprechenden Rahmenverträge gemäß § 78 f SGB VIII[10] gab. Woran liegt es, dass die Umsetzung eines Bundesgesetzes so zögerlich voranschreitet? Die Einführung von Leistungs-, Entgelt- und Qualitätsentwicklungsvereinbarungen in der Jugendhilfe beinhaltet nicht die Novellierung eines Paragrafen, sondern ist eine grundlegende Systemveränderung der Finanzierung in der Jugendhilfe mit erheblichen Folgen für freie und öffentliche Träger. Sowohl Einrichtungen und Jugendämter als auch die unterschiedlichen Spitzenverbände befinden sich - auf unterschiedlichen Niveau - immer noch in der Phase des Umdenkens. Der Wechsel vom Selbstkostendeckungsprinzip zum prospektiven Entgelt macht ein grundsätzliches Umdenken bei öffentlichen und freien Trägern notwendig. Er beinhaltet, dass liebgewonnene Regelungen aufgegeben werden müssen. In den oben genannten fünf Bundesländern ohne Rahmenvertrag hat die Praxis Wege gefunden, mit der Situation umzugehen. Aber insbesondere aus Sicht der freien Träger ist die konkrete Situation häufig verbunden mit viel Verunsicherung, ist sie in keinster Weise zufriedenstellend. Angesichts der Tatsache, dass es in der Mehrzahl der Bundesländer zu einvernehmlichen Rahmenverträgen gekommen ist, die sich auch bereits in der Praxis bewährt haben, bleibt zu hoffen, dass diese guten Erfahrungen dazu führen, dass es in den verbleibenden Ländern möglichst bald auch zur Umsetzung des Bundesrechtes kommt. Trotz dieser unbefriedigenden Situation lässt sich nach einigen Jahren Erfahrung mit der neuen Regelung insgesamt eine positive Bilanz ziehen. Vier wesentliche Merkmale der §§78 a-g SGB VIII, die diese gesamte

---

[10] Vgl. Vgl. Sozialgesetzbuch (SGB), Achtes Buch(VIII), Kinder- und Jugendhilfe, in Jugendrecht, deutscher Taschenbuchverlag, 24. Auflage, 2002, dritter Abschnitt. Vereinbarungen über Leistungsangebote, Entgelte und Qualitätsentwicklung S. 45-48.

Entwicklung begleiten und die konkrete Auswirkungen auf die Praxis haben, werden im Folgenden kurz skizziert.[11]

1. Merkmal: Der örtliche Träger der Jugendhilfe, in dessen Bereich die Einrichtung liegt, ist für den Abschluss von Vereinbarungen zuständig (§ 78e SGB VIII).

Der Bundesgesetzgeber hat der örtlichen Ebene, also dem Landkreis, der Stadt oder auch der kreisangehörigen Stadt, die Kompetenz und Aufgabe gegeben, die Leistungs-, Entgelt- und Qualitätsentwicklungen abzuschließen, wobei es auch die Möglichkeit der überregionalen Vereinbarungsgremien gibt. Die Länder Baden-Württemberg, Nordrhein-Westfalen, Saarland und Sachsen haben diese Regelung in Anspruch genommen. In den drei Stadtstaaten ist die Umsetzung dieser Regelung formal zwar eindeutig, in der Praxis aber komplizierter, da es in Bremen, Berlin und Hamburg interne Umstrukturierungen in "eigenständige" Bezirke gibt, aber jeweils eine Landesstelle für die Vereinbarungen zuständig ist. Bundesweit ist ein deutlicher Trend zur örtlichen Zuständigkeit für die Vereinbarung zu erkennen. In den Ländern mit überörtlichen Stellen ist es notwendig, vorher mit dem örtlichen Jugendamt die Leistungs- und Qualitätsentwicklungsvereinbarungen abzuschließen. Diese Stärkung der örtlichen Ebene bietet viele Chancen der Mitgestaltung für die Jugendämter. Es kann nur im Interesse der öffentlichen und freien Jugendhilfe sein, intensiv vor Ort miteinander zu kommunizieren, auch dann wenn man bisher keine geschäftlichen Beziehungen zueinander hat. Nach wie vor ist die Anzahl der Einrichtungen, die keine Kinder vom örtlichen Jugendamt betreuen, hoch. In der Praxis kommt es manches Mal zu Irritationen, da Einrichtungen Angebote entwickeln, die nicht im Interesse des örtlichen Jugendamtes sind. Dies hat jedoch nicht die Möglichkeit, eine Vereinbarungen abzulehnen mit der Begründung des mangelnden Bedarfes. Dies ist rechtlich nicht zulässig. Eine Steuerung seitens des Jugendamtes kann nur über das Hilfeplanverfahren und damit über eine fachlich orientierte Belegung erfolgen.

2. Merkmal: Die Vereinbarungen sind für einen künftigen Zeitraum abzuschließen. Nachträgliche Ausgleiche sind nicht zulässig (§ 78 d SGB VIII).

Der Wechsel vom Selbstkostendeckungsprinzip zum prospektiven Entgelt ist eines der wesentlichen Merkmale der neuen Regelung. Hieran wird der grundsätzliche Systemwechsel

---

[11] Kröger, Rainer, Leistung, Entgelt und Qualitätsentwicklung in der Jugendhilfe; SGB VIII - Online-Handbuch; herausgegeben von Ingeborg Becker-Textor und Martin R. Textor; WWW. Sgbviii.de/S45.html; Stand 10.07.2004

sehr deutlich. Entgelte werden aufgrund von Kalkulationen vereinbart. Die in der Praxis spannende Frage ist, welche Kalkulationsgrundlagen sind ausschlaggebend bzw. werden von beiden Seiten anerkannt. In den unterschiedlichen Bundesländern haben Regelungen auf Landesebene dazu geführt, dass eine Reihe von Kalkulationsgrundlagen bereits festgelegt sind. In anderen Ländern wie z.b. in Niedersachsen und Brandenburg ist dies nicht der Fall. Kalkulationsgrundlagen werden dort einrichtungsindividuell miteinander vereinbart. Je mehr landesweite Festlegungen vorhanden sind, desto weniger kann das System von einrichtungsindividuell kalkulierten Entgelten umgesetzt werden. Die Prospektivität bedeutet eine klare Risikoverlagerung in Richtung freier Träger. für den das Einführen eines Controllingsystems zwingend notwendig ist. Dies ist für viele freie Träger eine enorme Umstellung, die natürlich auch die Chance beinhaltet, Transparenz und Plausibilität von Kosten und Leistung[12] herzustellen. Kalkulierte Entgelte für vorher beschriebene und vereinbarte Leistungen, deren Qualität gewährleistet werden muss - ein neues Denken, dass sicher noch einige Zeit benötigt, bis es bei allen Einrichtungen und Jugendämtern verankert ist, wobei dieser Prozess bereits deutlich Fortschritte gemacht hat.

3. Merkmal: Leistungs-, Entgelt- und Qualitätsentwicklungsvereinbarungen stehen in einem direkten Zusammenhang (§ 78 b SGB VIII).

Der Bundesgesetzgeber hat mit der Koppelung von Leistungen, Qualität und Entgelten eine Verbindung von Pädagogik und Finanzen hergestellt. Voraussetzung für die Übernahme des Leistungsentgeltes sind alle drei Vereinbarungen. Nur in diesem Gesamtpaket hat eine Vereinbarung ihren Wert. Brisanz steckt in der Regelung, dass die von einem Jugendamt abgeschlossenen Vereinbarungen für alle Jugendämter in der Bundesrepublik bindend sind. Man stelle sich z.B. ein Landkreisjugendamt vor, dass in seinem Kreisgebiet eine Komplexeinrichtung mit 250 stationären und teilstationären Plätzen hat, die sich in 18 unterschiedliche Angebote differenzieren. Dieses Landkreisjugendamt hat mit der Einrichtung 18 Leistungs-, Entgelt- und Qualitätsentwicklungsvereinbarungen abzuschließen, deren Grundlage die fachliche Auseinandersetzung über die Leistung ist und die bundesweit rechtswirksam ist. Der öffentliche Jugendhilfeträger muss sich unter Berücksichtigung der Grundsätze der Leistungsfähigkeit, Wirtschaftlichkeit und Sparsamkeit fachlich inhaltlich mit

---

[12] Meiner Ansicht nach empfiehlt es sich auch im Bereich der Jugendhilfe, sich dem Wissen der (betrieblichen) Kosten- und Leistungsrechnung zu bedienen, gerade weil man sich im Zeitalter der Ökonomisierung befindet in dem sich ein Eindringen betriebswirtschaftlicher Denkweisen in die soziale Bereiche beobachten lässt. Ein fundierte Darstellung die zur geforderten Transparenz und Plausibilität führen kann liefern die entsprechenden Standardwerke zur Kosten- und Leistungsrechnung. Vgl. beispielsweise Steger, Johann, Kosten- und Leistungsrechnung, in Managementwissen für Studium und Praxis, 2. Auflage, München/Wien 1999, S. 57-99.

den Angeboten auseinandersetzen. Die Brisanz dieser Problematik ist in der Praxis noch nicht überall erkannt. Es gibt bereits in einer Reihe von Fällen zwischen Jugendämtern erhebliche Diskussionen über abgeschlossene Leistungs-, Entgelt- und Qualitätsentwicklungsvereinbarungen, die nicht akzeptiert werden. Aus diesem Grunde ist es außerordentlich wichtig, dass sich mit den Regelungen der §§ 78 a - g SBG VIII insbesondere der Soziale Dienst in dem jeweiligen Jugendamt beschäftigt.

4. Merkmal: Die Differenzierung in Grund- und Sonderleistungen erhöht die Transparenz (§ 78 c SGB VIII).

Grundleistung ist das, was alle Kinder und Jugendlichen eines Angebotes immer in Anspruch nehmen. Individuelle Sonderleistung ist das, was einzelne Kinder und Jugendliche für einen begrenzten Zeitraum in Anspruch nehmen. Die Praxis hat gezeigt, dass das Prinzip der einrichtungsindividuellen Grundleistung zu favorisieren ist. Jede Einrichtung hat die Möglichkeit, von sich heraus zu entscheiden, welche Leistung sie in die Grundleistung und welche sie in die individuellen Sonderleistungen gibt. Für viele freie Träger bietet diese Regelung die große Chance der internen Diskussion über zukünftige Angebotsformen. Die eigenen Strukturen können hinterfragt und effektiver gestaltet werden. Für den öffentlichen Träger bietet diese Regelung mehr Transparenz von Kosten und Leistungen. Es hat sich in der Praxis sehr bewährt, dass vor Vereinbarungen Gespräche zwischen Hauptbelegern und Einrichtung über die Form des zukünftigen Angebots geführt werden. Bei der Regelung der Grund- und Sonderleistungen wird besonders gut deutlich, dass die gesamte Umsetzung der §§ 78 a - g SGB VIII nur mit einer funktionierenden Hilfeplanung aller Beteiligten möglich ist. Wesentliche Grundlage dieser neuen Finanzierungsform ist die Leistungsbeschreibung einer Einrichtung. Sie dient als Ausgangspunkt einer Fachdiskussion zwischen Jugendamt und Einrichtung. Leistungsbeschreibungen dokumentieren die Strukturqualität einer Leistung - nicht mehr, aber auch nicht weniger. Dies ist ein enormer Schritt, der viele Chancen für beide Partner in sich birgt. Die Einrichtung wird an der Leistungsbeschreibung gemessen, und für das Jugendamt ist sie ein Dokument über die zu leistende Arbeit.[13]

---

[13] Vgl. Kröger, Rainer, Leistung, Entgelt und Qualitätsentwicklung in der Jugendhilfe; SGB VIII - Online-Handbuch; herausgegeben von Ingeborg Becker-Textor und Martin R. Textor; WWW. Sgbviii.de/S45.html; Stand 10.07.2004

## 5.) Finanzsituation beim Leistungserbringer

Die Leistungserbringer im Bereich der Jugendhilfe sind die vielfältigen Unternehmen der Sozialwirtschaft.[14] Sie sind überwiegend frei organisiert und oft als gemeinnützig anerkannt. Der Leistungserbringer hat ein Interesse an Planungssicherheit einerseits und einem soliden wirtschaftlichen Auskommen andererseits. Hierzu ist in der Regel eine hohe, gut planbare Auslastung notwendig. Um dies zu gewährleisten muss der Kostenträger gewisse Zugeständnisse machen, damit sich die Sozialunternehmen nicht aus dem Markt Jugendhilfe zurückziehen und die Erfüllung der Rechtsansprüche den öffentlichen Trägern überlassen.

## 6.) Finanzsituation bei Kostenträger

Das Interesse beim Kostenträger, in der Regel dem Jugendamt, ist grundsätzlich nicht gegenläufig. Beide Seiten haben ein Interesse an einer gut organisierten wirksamen Jugendhilfe. Dennoch ist das Jugendamt nicht in der Lage, unterschiedlich nach Region, unbegrenzt über Mittel zu verfügen um sozusagen alles zu finanzieren. Der ökonomische Umgang mit Ressourcen wird von Politik und Gesellschaft auch in diesem Bereich eingefordert. Die relativ neuen, oben beschriebenen sozialrechtlichen Rahmenbedingungen tragen dazu bei. Stark vereinfachend kann man also sagen, dass der Kostenträger ein Interesse daran hat die gesetzlichen Ansprüche der Jugendlichen zu erfüllen und gleichzeitig eine entsprechende präventive Infrastruktur vorzuhalten. Dies soll im Rahmen der Möglichkeiten und möglichst effektiv und effizient erfolgen. Dazu sollen die nachfolgende Finanzierungsinstrumente beitragen helfen.

## 7.) Die Finanzierungsinstrumente im Einzelnen

Die strikte Trennung von einzelnen Finanzierungsinstrumenten macht zunächst keinen Sinn. Alle nachfolgenden Instrumente hängen miteinander zusammen, beziehungsweise sind

---

[14] Vgl. Wendt, Wolf Rainer; Sozialwirtschaft- Eine Systematik, in Studienkurs Management in der Sozialwirtschaft, S.98

aufeinander bezogen und miteinander in gewisser Weise verflochten. Die Gliederung dient also lediglich der besseren Übersicht und dem besseren Verständnis. Den Fokus lege ich auf die Fachleistungsstunde und das Sozialraumbudget.

**7.1) Pauschalfinanzierung über Vereinbarung**

Leistungsvereinbarungen beschreiben, welche Leistungen finanziert werden und wie diese Leistungen nach Inhalt, Umfang und Qualität beschaffen sein sollen. Die Finanzierung einer Leistung kann dann pauschal erfolgen. Beispielsweise wird ausgehandelt, dass für eine intensivpädagogische Maßnahme pro Tag der Betrag X bezahlt wird, sofern die Qualitätsanforderungen erfüllt werden. Zusätzlich kann ein Budget zur Sicherung der Infrastruktur ausbezahlt werden. Es beträgt dann beispielsweise 25 % der Personalkosten gemessen an BAT IV b. Diese Finanzierungsform findet vor allem noch im voll- beziehungsweise teilstationären Bereich Anwendung. Der Inhalt der Vereinbarung wird sozusagen pauschal finanziert. Basis ist der Leistungskatalog der die Bestandteile der Leistung und die dafür anfallenden Kosten beinhalten kann. Es wird sozusagen die Leistung als auch deren Finanzierung pauschal vereinbart.

**7.2.) Entgelte**

Beim Leistungsentgelt wird eine Vereinbarung über den Ersatz von Aufwendungen zur Erbringung einer definierten Leistung geschlossen. Der öffentliche Träger kann sich über das Haushaltsjahr hinaus verpflichten. Kosten für die Substanzerhaltung können in die Kalkulation mit aufgenommen werden. Damit verbunden ist die Möglichkeit der freien Träger offiziell zweckgebundene Überschüsse zu erzielen gegeben. Vergleicht man zum Beispiel die Vereinbarung über die Leistungen des Familien- und Jugendhilfeverbundes zwischen den freien Trägern und dem Landkreis Böblingen als örtlichem Träger der öffentlichen Jugendhilfe kann man folgende wesentliche Gliederungspunkte erkennen.
- Gesetzliche Grundlagen (SGBVIII)
- Grundprinzipien (präventiv, alltagsorientiert, niederschwellig, ganzheitlich, integrativ, dezentral, vernetzt, flexibel uns passgenau, **effektiv und effizient** )
- Regionale Zuständigkeit der sieben Familien- und Jugendhilfeverbünden
- Kooperation zwischen dem Kreisjugendamt und den Familien- und Jugendhilfeverbünden. Es gibt Steuerungsgremien.

- Es gibt eine Koordinationsstelle (neu einzurichten 50 % BAT IV b)
- Die Leistungserbringung der Hilfen (§27Abs 2, 29,30,31,32,34,35 KJHG)
- Finanzierung der Familien- und Jugendhilfeverbünden ( siehe 3. Fachleistungsstunde)
- Dauer der Vereinbarung (18 Monate)[15]

Es wird, um eine Verbindung zwischen der fachlichen Steuerung und der Finanzsteuerung zu erreichen notwendig, daß die dezentralen Entscheidungsstrukturen weiter aufgewertet und qualifiziert werden. Ein Schritt in diese Richtung kann die Regionalisierung der wirtschaftlichen Jugendhilfe sein.[16]

Halten wir uns die grundsätzliche Finanzierungssituation vor Augen: Für den laufenden Unterhalt der Einrichtungen, die erzieherische Hilfen durchführen, sind dabei die Leistungsentgelte (Tages-Pflegesatz, Kostensatz, Fallpauschale) gegenüber der von politischen Konstellationen abhängigen und durch ebenso schwierige Handhabung gekennzeichneten Zuwendungsfinanzierung die angemessenere und auch meistgenutzte Finanzierungsform. Sie bieten an sich auch einen besseren Ansatzpunkt, den tatsächlichen, überwiegend einzelfallbezogenen, Leistungsaustausch (sozialpädagogische Leistung gegen Entgelt) zu spezifizieren, weil hierbei Leistungsgegenstand (Betreuung von Jugendlichen ) und Leistungsintensität (Betreuungsumfang) zwischen Auftraggeber (Jugendamt) und Auftragnehmer (Jugendhilfeeinrichtung) identifiziert und kostenrechnerisch bewertet werden[17]. Ihre Funktion besteht also auch darin, darüber Auskunft zu geben, welche Leistungen in welchem Umfang zu welchem *Preis* erbracht werden. Doch hier liegt die Crux, denn die traditionellen Leistungsentgelte erfüllen diese Ansprüche in der Regel nicht. Dabei sind vor allem starre Kostensatzregelungen, wie die des Tages-Pflegesatzes für stationäre Betreuung[18] oder die des Tages-Kostensatzes für teilstationäre Hilfen[19] in die Schusslinie der Kritik geraten. Die ihnen zugrunde liegenden Rahmenbedingungen (Selbstkosten, Stellenpläne, Sachkostenrichtwerte, Mindeststandards) werden in - regional gültigen - Pflegesatz-Rahmenvereinbarungen abgesteckt. Kalkulatorisch werden mit ihnen die Gesamtkosten der Jugendhilfeeinrichtung respective ihrer Einzelmaßnahmen einschließlich

---

[15] Vgl. Vereinbarung über die Leistungen des Familien- und Jugendhilfeverbundes zwischen den freien Trägern und dem Landkreis Böblingen als örtlichem Träger der öffentlichen Jugendhilfe (vertreten durch Landrat Bernhard Maier), unveröffentlichte Vereinbarung, Gliederungspunkt 3 S. 3-4.
[16] Vgl. Hamberger, Matthias –Abschlussbericht Bundesmodellprojekt INTEGRA im Landkreis Tübingen 2003, S 94.
[17] Vgl. § 77 KJHG: Vereinbarungen über die Höhe der Kosten
[18] Vgl. § 34 KJHG: Heimerziehung, sonstige betreute Wohnform
[19] Vgl. §§ 29 und 32 KJHG: Soziale Gruppenarbeit, Tagesgruppe

der Kosten der Belegung auf die kalenderbedingt fixe Zahl von Pflege- bzw. Betreuungstagen umgerechnet und zwischen einer vereinbarten Zahl von Betreuungsfällen (Platzzahl) aufgeteilt. Dies ergibt dann den Kostensatz eines Pflege- bzw. Betreuungstages pro KlientIn. Unter Pflege- bzw. Betreuungstag ist dann die sozialpädagogische Gesamtleistung der Einrichtung für eine zu betreuende Person an einem Tag zu verstehen. Die Erfahrung zeigt, dass die Handhabung des so ermittelten Leistungsentgelts dann an Grenzen stößt, wenn ein Betreuungsfall nicht mehr dem typisch standardisierten Charakter einer Maßnahme entspricht und flexibler auszugestalten wäre und damit womöglich auch andere Betreuungsintensitäten erforderlich machte. Die Rechengröße "Pflege- bzw. Betreuungstag" vor allem gibt das jedoch nicht her. Eine notwendige Differenzierung ist ja unter diesen Bedingungen nicht über eine variable *Preisgestaltung* in ihrem Leistungsgehalt zu vermitteln, weil Betreuungsfälle über starre Zeiträume - Pflegetag für Pflegetag, Monat für Monat, Jahr für Jahr - abgerechnet werden. Der damit fehlende finanzielle Stimulus begünstigt wohl auch das Entstehen von Einrichtungen, die sich auf spezialisierte Hilfeformen - vorzugsweise therapeutischer Art - konzentrieren. Die Abläufe ist immer gleich: Ein angetragener Fall wird oft allein aus wirtschaftlichen Gründen in das "Bett des Prokrustes" hineingezwängt. Damit ist eine Vorhaltephilosophie entstanden - die Belegung der Einrichtung wird zum wirtschaftlichen Selbstzweck. Im Gegensatz dazu scheitern Neuaufnahmen aber auch häufig wegen eines erwarteten überdurchschnittlichen sozialpädagogischen Aufwands. Weil dieser nicht über den Preis weitergegeben werden kann, wird die zusätzliche Anstrengung nicht angenommen - es kommt dazu, Nichtzuständigkeit zu reklamieren, da die vorhandene Betreuungsform vermeintlich nicht passt. Hier fehlt der organisationseigene strukturelle Steuerungsspielraum. Er entsteht im Hinblick auf sozialpädagogische Konzepte erst dann, wenn über eine andere Zeiteinheit mehr sozialpädagogische Dispositionsfähigkeit hergestellt werden kann. Dann nämlich lässt sich qualitativ begründeter Mehr- oder Minderbedarf im Einzelfall (unabhängig von vordefinierten Hilfeformen) auch preiswirksam in quantitativer Ausdehnung oder Verringerung der Betreuungsintensität verwirklichen. Das funktioniert bei tagesberechneten Hilfeformen schlecht, weil hierbei eine nicht dehn- oder reduzierbare Leistungseinheit zugrunde liegt. Betriebswirtschaftlich gesehen muss daher einem Mehraufwand entweder mit Anhebung der Standards begegnet werden (Stellenplan etc.) oder - wie in der Praxis die Regel - er wird durch die Mischkalkulation kostenrechnerisch neutralisiert. Der Pflege- bzw. Betreuungstag wird aber so zu einer Schimäre, die den Eindruck gleichbleibender Gesamtkosten je Betreuungsfall vermittelt, um den Preis des Verzichts auf Gestaltungsambitionen bei den Betreuungsarrangements. An diesen Finanzierungsformen

wird deutlich erkennbar, dass die Kostenermittlung an der Präsenz einer Organisation und ihrer Standardangebote in einem Zeitabschnitt (Pflege- bzw. Betreuungstag) ansetzt und nicht an ihrem fachlichen Leistungspotential in einem variablen, maßnahmeunspezifischen Zeitkontingent.[20] Um die skizzierten Probleme zu umgehen wurde die Fachleistungsstunde eingeführt. Sie schafft die geforderte und zu Anfang erwähnte Transparenz und Flexibilität.

**7.3) Fachleistungsstunde**

Die sozialpädagogische Fachleistungsstunde ist ein Leistungsentgelt zur Kostenberechnung von Hilfen zur Erziehung nach den §§ 27 ff des Kinder- und Jugendhilfegesetzes. Die Fachleistungsstunde beinhaltet alle laufenden, betriebsnotwendigen Aufwendungen ( Personal- und Sachkosten, kalkulatorische Kosten ) einer Einrichtung, die mit ihrer Inanspruchnahme je Betreuungsstunde verbunden sind. Der Kostensatz der Fachleistungsstunde wird ermittelt, indem die Summe der jährlichen Aufwendungen durch die Anzahl der jährlich erbringbaren Betreuungsstunden der sozialpädagogischen MitarbeiterInnen dividiert wird. Das Kalkulationskonzept der Fachleistungsstunde weicht von dem des Tages-Pflegesatzes in mehrfacher Hinsicht ab. Die wichtigsten zu nennenden Unterscheidungsmerkmale sind: Die Fachleistungsstunde repräsentiert ausschließlich Aufwendungen, die zur Vorhaltung der sozialpädagogischen Betreuungskapazitäten einer Einrichtung (Personal- und Sachkosten für die MitarbeiterInnen) erforderlich sind. Zusätzliche Aufwendungen, die erst bei der Durchführung bestimmter Hilfearrangements entstehen (Unterbringungs- und Unterhaltskosten, weitere Personalkosten bei teil- bzw. vollstationären Hilfen), werden - anders als beim maßnahmebezogenen Tagespflegesatz - gesondert ermittelt. Mit der Fachleistungsstunde werden die Aufwendungen einer Einrichtung auf die möglichen zeitlichen Ressourcen ( Jahresbetreuungsstunden ) ihrer sozialpädagogischen MitarbeiterInnen umgerechnet - und nicht auf die Verweildauer von Klienten in den Maßnahmen. Man verfügt mit der Zeiteinheit "Stunde" somit über einen gemeinsamen Nenner, der sich als differenzierbare Berechnungsgröße für die gleichrangige Kostenberechnung der unterschiedlichsten - auch unkonventionellen - Hilfearrangements einsetzen läßt; gleich ob ambulante, teilstationäre oder vollstationäre erzieherische Hilfen und auch deren Verknüpfung miteinander.[21] Für die unmittelbare Durchführung von Hilfen zur

---

[20] Haferkamp, Rainer; Ohne Preis kein Fleiß?; Die Fachleistungsstunde als Steuerungsinstrument flexibel organisierter Erziehungshilfen im Finanzierungssystem der Jugendhilfe S3-5; unter www..vsp-mv.de/seiten/fls_opkf.htm Stand: 20.07.2004
[21] Vgl. Hinte, Wolfgang: Kontraktmanagement und Sozialraumbezug. Zur Finanzierung von vernetzten Diensten, unter www.uni-essen.de/issab/publikat/kontrakt.htm, Stand 10.07.2004.

Erziehung durch sozialpädagogische Fachkräfte erhält also der leistungserbringende Träger ein Entgeld auf der Basis der tatsächlich geleisteten direkten Betreuungsleistung (face to face Betreuung) in Form der Fachleistungsstunde. Vergleicht man hierzu die Ermittlung einer Fachleistungsstunde im Landkreis Böblingen[22] fällt einiges auf. Basis der Berechnung ist BAT IV b. Rechnet man das zu Grunde liegende Jahresgehalt von angenommenen 51.700 € nun auf eine Stunde um so variiert je nach Auslastung und anteiligen Sach- und Gemeinkosten die Fachleistungsstunde im Landkreis Böblingen zwischen 51,90 € und 66,04 €. So sind die Kosten abhängig mit welcher Auslastung man kalkuliert (90% vers. 92%) und ob man Gemein- und Sachkosten mit einpreist. Alle indirekten Leistungen die nicht face to face erbracht werden sind in der Fachleistungsstunde mit einkalkuliert. Die anfallenden Gemein- und Sachkosten werden vom jeweiligen geschäftsführenden Träger und Sozialtherapeutischen Verein pauschal ausbezahlt. Sie betragen beispielsweise 25 % der Personalkosten gem. BAT IV b. Es stellt sich nun die Frage nach der Ermittlung der Fachleistungsstunde. Eine sehr systematische Ermittlung der Fachleistungsstunde bietet Rainer Haferkamp an.[23] Im folgenden möchte ich in Anlehnung an Haferkamp die Ermittlung der Fachleistungsstunde näher erläutern. Haferkamp teilt in betriebsnotwendige Aufwendungen der Einrichtung, die er weiter in Personal- und Sachkosten trennt ein. Die zweite Komponente nennt er den Unterauslastungszuschlag. Drittens führt er das sozialpädagogische Bewegungsgeld an.

---

1. Komponente: Betriebsnotwendige Aufwendungen der Einrichtung

    1.1    Personalkosten (einschl. Nebenkosten)
    1.1.1 =    1/1    SozialpädagogInnen (BAT IVb (Vb))
    1.1.2 =    1/12    Leitung/Koordination (BAT IVa / III)
    1.1.3 =    1/12    Psychologische Beratung BAT IIa (VKA II)
    1.1.4 =    1/12    Verwaltung (VIb / Vc)

---

Die Personalkosten dürften wohl den größten Teil der Kosten bei der Ermittlung der Fachleistungsstunde ausmachen. Sie umfassen regelmäßig Kosten für die Pädagogen, die Leitung, die Psychologen und die Verwaltung. Diese Kosten entstehen unabhängig von der

---

[22] Vgl. Vereinbarung über die Leistungen des Familien- und Jugendhilfeverbundes zwischen den freien Trägern und dem Landkreis Böblingen als örtlichem Träger der öffentlichen Jugendhilfe (vertreten durch Landrat Bernhard Maier), unveröffentlichte Vereinbarung, S. 8.
[23] Haferkamp, Rainer; Ohne Preis kein Fleiß?; Die Fachleistungsstunde als Steuerungsinstrument flexibel organisierter Erziehungshilfen im Finanzierungssystem der Jugendhilfe; unter www..vsp-mv.de/seiten/fls_opkf.htm Stand: 20.07.2004

Auslastung einer Einrichtung. In der Regel erfolgt auch heute noch die Bezahlung im Bereich der Jugendhilfe in Anlehnung an den Bundesangestellten Tarif. Die Tendenz geht allerdings auch hier weg von starren Vergütungssystemen hin zu flexibleren (leistungsabhängigen) Entlohnungssystemen. Die Werte in Klammer zeigen den vielerorts noch üblichen Entlohnungsschlüssel der einzelnen Berufsgruppen.

---

1.2 Sachkosten (einschl. kalkulatorische Kosten)

1.2.1 Raum- und Nebenkosten
 - Miete, Pacht, Erbbauzins
 - Nebenkosten
 - Hauswirtschaft
1.2.2 Leasing / Anlagenmieten
1.2.3 Abschreibungen Gebäude / Inventar;
 Ersatzbeschaffungen
1.2.4 Instandhaltung Gebäude / Inventar
1.2.5 Allgemeine Verwaltungskosten / Präsentation
1.2.6 Kommunikation (Telefon, Telefax, DFÜ)
1.2.7 Mobilität (Fuhrpark / Reisekosten)
1.2.8 Beiträge / Steuer- und Rechtsberatung
1.2.9 Versicherungen (Inventar / Haftpflicht)
1.2.10 Zinsen (Kapital / Gebühren / AVAL)
1.2.11 Personalentwicklung
 (Beschaffung / Fortbildung / Supervision)
1.2.12 Sonstige & Außerordentliche Aufwendungen

---

1.2.13 ./. Erträge / Erstattungen
1.2.14 ./. Zuschüsse
1.2.15 ./. Sonstiges

---

1.2.16 Zentralumlage (Personalgemeinkosten)
1.2.17 Zentralumlage (Sachgemeinkosten)

---

Die Sachkosten sind der zweite große Block bei der Ermittlung der Fachleistungsstunde. Auch sie fallen zum wesentlichen Teil unabhängig von der Belegung der Einrichtung an und sind daher ihrem Charakter nach eher den Fixkosten zuzurechen als den variablen Kosten[24]. So fallen beispielsweise Kosten für Zins und Versicherung unabhängig von der Auslastung an, wohingegen Verwaltungskosten und Kommunikationskosten einen variablen Teil, abhängig von der Auslastung haben dürften. Dennoch erscheint mir der größte Teil absolut fix zu sein da betriebsnotwendig. Hier liegt das Risiko des Sozialunternehmers, da er die Kosten zu tragen hat wenn er den Geschäftsbetrieb aufbauen beziehungsweise aufrechterhalten

---

[24] Vgl. Steger, Johann, Kosten- und Leistungsrechnung, in Managementwissen für Studium und Praxis, 2. Auflage, München/Wien 1999, S. 108f.

möchte. Man kann nun von kalkulatorischen Kosten ausgehen, oder die tatsächlich angefallen Kosten beispielsweise der vorangegangen Geschäftsjahre heranziehen um die Kosten im Schema zu ermitteln. Der Kostenträger wird beim Verhandeln der Fachleistungsstunde wohl überwiegend auf kalkulatorische Kosten, also Planzahlen angewiesen sein, wohingegen der Leistungserbringer wohl(in unterschiedlicher Qualität) über die tatsachlich angefallen Kostendaten verfügen dürfte. Geht man nun von den tatsächlich angefallen Kosten aus, so bietet sich, sofern kein differenziertes Controlling beziehungsweise Rechnungswesen mit entsprechenden Kontenblättern vorliegt, ein Blick in den Jahresabschluss [25] des vorangegangen Geschäftsjahres an. Hieraus lassen sich im wesentlichen die Personal- und Sachkosten ermitteln.[26]

| 2. Komponente: Unterauslastungszuschlag (kalk. Mindererträge) |
|---|
| Ermittelt aus:  100 % Auslastung <br> ─────────────── =  Multiplikator <br> xx % Auslastung |
| 3. Komponente: Sozialpädagogisches Bewegungsgeld |
| ... wird als Stundensatz je Fachleistungsstunde festgelegt |

Als zweite Komponente führt Haferkamp den Multiplikator ein, den er als Unterauslastungsfaktor abhängig vom Grad der Auslastung errechnet. Dies macht Sinn da in der Praxis von einer Auslastung um die 90 %[27] ausgegangen werden kann. Als dritte Komponente wird das sozialpädagogische Bewegungsgeld genannt, dass nicht näher erläutert wird. Lediglich das es als Stundensatz je Fachleistungsstunde festgelegt wird ist definiert. Dahinter können sich Gelder für pädagogische Zwecke verbergen, die weder Personalkosten noch Sachaufwand darstellen, also streng genommen nicht betriebsnotwendig, pädagogisch jedoch sinnvoll und erwünscht sind.

---

[25] . Coenenberg, Adolf G.; Jahresabschluss- und Jahresabschlussanalyse, betriebswirtschaftliche, handelsrechtliche, steuerrechtliche und internationale Grundlagen, 17. Auflage Landsberg a. Lech 2000, S. 19-871.
[26] Vgl. Handelsgesetzbuch 1999, HGB Handelsgesetzbuch, i.d.F. vom 10. Mai 1897, deutscher Taschenbuchverlag, 32. Auflage 1998, drittes Buch. Handelsbücher, insbesondere Dritter Teil. Gewinn und - Verlustrechnung § 275.
[27] Vgl. Vereinbarung über die Leistungen des Familien- und Jugendhilfeverbundes zwischen den freien Trägern und dem Landkreis Böblingen als örtlichem Träger der öffentlichen Jugendhilfe (vertreten durch Landrat Bernhard Maier), die Berechnung der Fachleistungsstunde im Anhang, unveröffentlichte Ermittlung .

## 4. Leistungsbausteine: Belegungsabhängiger Aufwand für die Betreuten

Leistungen zur/m Unterbringung / Unterhalt nach § 39 KJHG

- Belegungskosten analog Pflegesatz(rahmen)vereinbarungen:
  - Unterbringung (Raumkosten/Nebenkosten/Hauswirtschaft)
  - Verpflegung (Lebensmittel und Getränke)
  - Betreuungsaufwand (Persönlicher & pädagogischer Bedarf)
  - Zusatzaufwand Sach- und Personalkosten
- Unterhaltsleistungen analog Bundessozialhilfegesetz:
  (Regelsätze für Haushaltsvorstände gemäß § 22 BSHG)
  - Für Jugendliche und junge Volljährige ab 16 Jahre
- Sonderleistungen im Einzelfall:
  (Zuschüsse / Beihilfen; auf Antrag gesondert abzurechnen)
  ... für (Erst)Einrichtung, Ausstattung, Bekleidung, Heimfahrten, Ferienmaßnahmen, Feierlichkeiten, etc.
- Barbetrag (Taschengeld gemäß Richtlinien)

Als weiterer Leistungsbaustein werden die belegungsabhängigen, also die variablen Kosten eingeführt. Sie fallen nur wenn die Belegung vorhanden ist, also im voll- beziehungsweise teilstationären Bereich.. Es sind all jene Kosten einbepreist, die nicht lediglich aus der Aufrechterhaltung des Betriebes entstehen. Also finden hier belegungsabhängige Personalkosten, Unterbringungskosten, Sonderleistungen des Einzelfalles und so weiter Berücksichtigung.

Die Fachleistungsstunde beinhaltet also alle laufenden, betriebsnotwendigen Aufwendungen, die mit der Inanspruchnahme der Organisationseinheit Jugendhilfestation zum Zwecke der Konzeption und Durchführung von Hilfen zur Erziehung je Betreuungsstunde verbunden sind. Betriebswirtschaftlich gesehen ist die Kalkulation, wie beim Tages-Pflegesatz, eine zeitbezogene Vollkostenrechnung auf der Grundlage der Selbstkostenorientierung, wonach bei wirtschaftlicher und sparsamer Betriebsführung eine konzeptgerechte Leistungsfähigkeit zu gewährleisten ist.[28] Nun muss noch ermittelt werden wie teuer die einzelne Fachleistungsstunde ist. Hierzu muss zunächst die tatsächliche erbringbare Arbeitszeit pro Jahr und MitarbeiterIn ermittelt werden. Auch hier hält Haferkamp ein Schema bereit.

Die Idee der Preisermittlung der Fachleistungsstunde besteht nun darin, die entstehenden Aufwendungen der Jugendhilfeorganisation je sozialpädagogischer MitarbeiterIn und Jahr auf

---

[28] Haferkamp, Rainer; Ohne Preis kein Fleiß?; Die Fachleistungsstunde als Steuerungsinstrument flexibel organisierter Erziehungshilfen im Finanzierungssystem der Jugendhilfe; unter www..vsp-mv.de/seiten/fls_opkf.htm Stand: 20.07.2004

ihre/seine tatsächlich erbringbaren Jahresarbeitsstunden und damit auf eine einzelne Fachleistungsstunde umzurechnen. Ausgangspunkt für diese Berechnung ist die Bruttojahresarbeitszeit (hier: 38,5-Stundenwoche) des sozialpädagogischen Personals.

| | |
|---|---|
| Bruttojahresarbeitszeit (52,2 Wo. x 38,5 Std.) | = 2.010,0 Std. |

Abzüglich ArbeitnehmerInnenzeit:

| | |
|---|---|
| - 30    Urlaubstage x 7,7 Std. | |
| - 2 AZV-Tage x 7,7 -"- | = 231,0 Std. |
| - 8 Feiertage x 7,7 -"- | = 15,4 -"- |
| - 0 Bildungsurlaubstage x 7,7 -"- | = 61,6 -"- |
| - 5 Fortbildungstage x 7,7 -"- | = 0,0 -"- |
| - 5 Krankheitstage x 7,7 -"- | = 38,5 -"- |
| | = 38,5 -"- |

Abzüglich PädagogInnenzeit:

- Teilnahme in 42 Arbeitswochen an:

| | |
|---|---|
| Teamsitzungen x 2,0 Std. | |
| Erziehungskonferenzen x 1,0 -"- | = 84,0 Std. |
| Supervision x 1,5 -"- | = 42,0 -"- |
| Sonstigem x 1,5 -"- | = 63,0 -"- |
| | = 63,0 -"- |

| | |
|---|---|
| Nettojahresarbeitszeit: | |
| | = 1.373,0 Std. |

Indem die Jahresaufwendungen je sozialpädagogischer MitarbeiterIn durch die Nettojahresarbeitszeit je sozialpädagogischer MitarbeiterIn dividiert werden, läßt sich nun der Basis-Kostensatz pro Fachleistungsstunde ermitteln.[29]

Das Modell von Haferkamp ist natürlich nur eine von vielen Schemata zu Ermittlung der Fachleistungsstunde. Es ist mit vielen Vor – und Nachteilen behaftet. So hat es den Vorteil sehr transparent und detailliert darzustellen welche Kosten entstehen und wie sich diese zusammensetzen, ohne dabei den Anspruch auf Vollständigkeit zu erheben., Andererseits setzt es ein hohes Maß an Genauigkeit und einen hohen Aufwand zur Ermittlung voraus, der eine enge und vertrauensvolle Kooperation zwischen Kostenträger und Leistungserbringer

---

[29] Haferkamp, Rainer; Ohne Preis kein Fleiß?; Die Fachleistungsstunde als Steuerungsinstrument flexibel organisierter Erziehungshilfen im Finanzierungssystem der Jugendhilfe; unter www..vsp-mv.de/seiten/fls_opkf.htm Stand: 20.07.2004

voraussetzt. Der Leistungserbringer muss seine Kosten transparent machen. Und dennoch ist jeder Punkt prinzipiell verhandelbar und keinesfalls in jeder Region gleich zu gewichten. So ist beispielsweise die Ermittlung der Fachleistungsstunde für den Landkreis Böblingen anders aufgebaut, damit aber weder schlechter noch besser. Sie ist vielmehr als Konsens aller beteiligten so ausgehandelt worden.

Der größte Minuspunkt der Fachleistungsstunde allerdings bleibt auch beim ausgefeiltesten Berechnungssystem bestehen. Sie ist ein einzelfallbezogenes Finanzierungsinstrument, das nicht auf Prävention hin ausgerichtet ist. In diesem Zusammenhang tritt das Sozialraumbudget auf den Plan.

### 7.4.) Sozialraumbudget[30]

Ein Kernelement der neueren fachlichen Überlegungen der KGSt stellt die Einführung des sozialraumorientierten Ansatzes in die KGSt - Konzepte und die Entwicklung hiermit verbundener sozialraumbezogener Finanzierungsinstrumente dar. Dieser konzeptionelle Schwenk in der KGSt - Argumentation ist nicht zuletzt ein Ausdruck der Tatsache, daß prominente Befürworter sozialraumorientierter Ansätze - wie etwa Wolfgang Hinte - in das Verfasserteam des genannten Berichtes aufgenommen worden sind.[31] In der Logik der herkömmlichen Fallfinanzierung sind die Träger der Hilfen zur Erziehung darauf angewiesen, „Fälle zu bekommen", und zwar mit fachlich und finanziell fatalen Folgen. Ein Sozialraumbudget dagegen trägt dazu bei, dass die Träger, die über das Geld ja bereits als Budget zu Anfang des Jahres verfügen können, viel stärker daran interessiert sind, keine Fälle zu erhalten, sondern Fälle zu verhindern oder sie zumindest möglichst zügig entsprechend der vereinbarten Standards zu bearbeiten.[32] Ausgangspunkt der Überlegungen dieses KGSt-Gutachtens ist die Einsicht, daß die bisherigen Finanzierungsinstrumente der Jugendhilfe letztlich auf eine Einzelfallförderung hinauslaufen und daher falsche Anreize setzen. Dies gilt sowohl für die traditionelle Pflegesatzfinanzierung als auch für das relativ moderne, oben beschriebene Finanzierungsinstrument der Fachleistungsstunde. Diese Finanzierungsformen sind in zweierlei Hinsicht defizitär: Erstens bieten sie keinerlei Anreize für sozialraumbezogene

---

[30] Vgl. Wendt, Wolf Rainer; Sozialwirtschaft- Eine Systematik, in Studienkurs Management in der Sozialwirtschaft, S.98
[31] Schröder, Jan (Hg.), Niederschrift zu: Sozialraumorientierung und neue Finanzierungsformen -Kongreß Sozialraumorientierung und neue Finanzierungsformen - Konsequenzen für die Leistungsberechtigten und die Strukturen der Jugendhilfe" am 11.-12. Oktober 1999 in Frankfurt am Main; S.17, Bonn2000
[32] Vgl. Hinte, Wolfgang: Kontraktmanagement und Sozialraumbezug. Zur Finanzierung von vernetzten Diensten, unter www.uni-essen.de/issab/publikat/kontrakt.htm, Stand 10.07.2004.

fallunspezifische Arbeitsansätze und Handlungsstrategien und zweitens verursachen sie sowohl auf der Seite des Kostenträgers als auch auf der der Leistungsanbieter einen ganz erheblichen Verwaltungsaufwand. Um nun sowohl den Verwaltungsaufwand reduzieren als auch fachübergreifende und fallunspezifische Anteile der Aktivitäten freier Träger finanziell absichern zu können, wird das Finanzierungsinstrument des Leistungsvertrages vorgeschlagen. Die Erbringung einer in Quantität und Qualität genau beschriebenen Leistung für einen festgelegten Zeitraum ist dann mit der Zuordnung eines bestimmten Budgets verknüpft. Vorteile für die freien Träger ergeben sich aus der höheren Planungssicherheit, die sich aus vertraglichen Finanzierungsregelungen ergeben, sowie aus den Möglichkeiten, Vorlaufkosten von Projekten zu decken, das Leistungsspektrum zeitnah an Bedarfsveränderungen anpassen und Rücklagen zweckgebunden bilden zu können. Auf diese Weise können neue Arbeitsformen erprobt und akute Krisensituationen besser bewältigt werden.[33]

Entscheidend ist nun aber für Sozialraumbudgets, daß die zentrale Steuerungsgröße zur Bemessung des Budgets am sozialen Raum ausgerichtet werden soll.[34] Ein oder mehrere freie Träger sollen auf der Grundlage von Belastungsindikatoren in einem sozialen Raum ein jeweils auszuhandelndes Budget über einen Leistungsvertrag erhalten. In diesem Leistungsvertrag wäre zum Beispiel festzulegen, dass die in diesem Bezirk, Ortsteil oder Wohnquartier zur Bearbeitung anstehenden Fälle ambulanter Betreuung übernommen werden. Auf diese Weise entsteht auf der einen Seite ein starker Anreiz für den oder die freien Träger, die anfallenden einzelfallbezogenen Hilfen zur Erziehung möglichst kostengünstig zu bearbeiten. Auf der anderen Seite erhält er/sie aber dadurch erhebliche Spielräume dafür, im Vorfeld und unabhängig von dem Auftreten konkreter einzelfallbezogener Probleme und Defizite im Sozialraum Unterstützungsnetzwerke aufzubauen bzw. sozialraumbezogene Ressourcen für verschiedenartige Aktivierungs- und Unterstützungsstrategien im Bereich der vorbeugenden und offenen Hilfen zu nutzen. Die entsprechenden Anreizwirkungen für eine vorausschauende und präventive Arbeit der freien Träger können allerdings nur unter der Bedingung wirken, dass das sozialraumbezogene Budget derart bemessen ist, dass es wirklich Spielräume über die unmittelbare Erledigung der anfallenden Einzelfälle hinaus eröffnet. Die Höhe dieses Budgets könnte sich an den vorherigen Ausgaben für die entsprechenden Jugendhilfeleistungen orientieren. Aus dem Gesamtbudget könnte ein Sockelbetrag von beispielsweise 70 % an den oder die Träger ausgezahlt werden, wofür der oder die Träger sich verpflichten, alle im Sozialraum anfallenden Einzelfälle der

---

[33] Vgl. Schröder, Jan (Hg.), Niederschrift zu: Sozialraumorientierung und neue Finanzierungsformen -Kongreß Sozialraumorientierung und neue Finanzierungsformen - Konsequenzen für die Leistungsberechtigten und die Strukturen der Jugendhilfe" am 11.-12. Oktober 1999 in Frankfurt am Main; S17-18, Bonn2000
[34] Vgl. Vgl. KGSt. Kontraktmanagement zwischen öffentlichen und freien Trägern in der Jugendhilfe, Bericht Nr. 12/1998, S. 36.

ambulanten Erziehungshilfe für einen festgelegten Zeitraum zu übernehmen. Weitere 10 Prozent des Budgets könnten für fallunspezifische Tätigkeiten ausgezahlt werden. Das Recht auf die restlichen 20 Prozent sollte durch den Nachweis qualitativ befriedigender Arbeit erworben werden.[35] Die Qualitätskontrolle erfolgt über ein quartalsweise oder halbjährlich erfolgendes Controllingverfahren in sogenannten Controlling-Workshops, in denen überprüft wird, ob die Arbeit der einzelnen Träger den fallbezogenen Vereinbarungen aus der Hilfeplanung sowie den ergänzend vereinbarten Standards zur fallübergreifenden und fallunabhängigen Arbeit entspricht. Bei der fachpolitischen Bewertung ist zunächst einmal positiv hervorzuheben, dass mit Sozialraumbudgets ein konsequenter Schritt hin zur verwaltungspolitischen Berücksichtigung der Bedeutung fallübergreifender und fallunspezifischer Aktivitäten im Sozialraum begangen wird. Das konsequente Umsteuern auf den Sozialraum erfordert auch sozialraumbezogene Finanzierungsinstrumente, weil andernfalls die beteiligten Träger sich sozialraumbezogene Aktivitäten schon aus finanziellen Gründen nicht werden leisten können. Bei der konkreten Umsetzung unter den realen Bedingungen von Städten, Landkreisen und Gemeinden sind allerdings einige Pferdefüße und Stolpersteine zu beachten. Grundsätzlich ist der gewünschte Steuerungsimpuls von Sozialraumbudgets um so größer, je breiter das Spektrum der mit diesem Instrument zusammengefassten Hilfearten ausfällt. Auf den Bereich der ambulanten Hilfen zur Erziehung bezogen bedeutet dies, dass es das längerfristige Ziel sein kann, die Budgets für sämtliche Hilfen zur Erziehung, also auch der stationären, in das Sozialraumbudget zu integrieren und in einer dezentralen Einheit zusammenzufassen. Prinzipiell gibt es darüber hinaus keinen vernünftigen Grund dafür, auf lange Sicht weitere Leistungen und Aufgaben nach dem KJHG in das System sozialraumbezogener Finanzierung einzubeziehen. Erste Kandidaten hierfür wären die Jugendarbeit (nach § 11 KJHG) und die Jugendsozialarbeit (nach § 13 KJHG). Allerdings erfordert eine solche Generalisierung des sozialraumbezogenen Ansatzes ein vorsichtiges, schrittweises Vorgehen. Angesichts der bisherigen Separierungen von Fachdiskussionen, Trägerstrukturen, Organisationsformen und Handlungsmethoden setzt die Verknüpfung unterschiedlicher Leistungsarten in integrierten Modellen entsprechende inhaltliche und organisatorische Abstimmungs- und Konsensfindungsprozesse voraus. Ferner sollte eine qualitativ hochwertige örtliche Jugendhilfeplanung die Grundlage für ein fachpolitisches Kontraktmanagement sein. Erst durch die kleinräumige Feststellung von Problemlagen und Ressourcen können konkurrierende Bedarfe festgestellt und die Arbeitsfelder für Leistungsverträge bestimmt werden. Wenn man allerdings zur Kenntnis nimmt, dass auch

---

[35] Vgl. Vgl. KGSt. Kontraktmanagement zwischen öffentlichen und freien Trägern in der Jugendhilfe, Bericht Nr. 12/1998, Budgetierungsvorschlag S. 40.

Regionen einbezogen sind, in denen örtliche Jugendhilfeplanung so gut wie gar nicht vorkommt, und wenn man bei gegebener Jugendhilfeplanung an die oft vorherrschende rein technische Angebots- und Maßnahmenfixierung dieser Jugendhilfeplanung denkt, dann wird klar, welche Herausforderung das bedeutet. Und schließlich: Die größte Gefahr bei der Umsetzung sozialraumbezogener Budgets liegt naturgemäß in der gegenwärtigen Finanzsituation der Kommunen und der hiermit möglicherweise verbundenen Versuchung, die Einführung von Budget-Finanzierung ausschließlich als Mittel zur Kostensenkung und damit zur "Deckelung" von Haushaltsansätzen zu nutzen. Wenn aber die Höhe eines Sozialraumbudgets zu knapp kalkuliert wird, dann verschwindet angesichts der Rechtsansprüche von Bürgerinnen und Bürgern auf Einzelleistungen der Spielraum der Träger für fallunabhängige Aktivitäten sehr schnell und der avisierte sozialraumbezogene Steuerungsgewinn tendiert gegen Null. In solchen Fällen verkommt die Einführung von Sozialraumbudgets zur "Maultaschenpolitik": Unter einem hohen fachlichen Anspruch - also einer glänzenden Fassade - wird knallharte Sparpolitik verkauft![36]

Fazit: Die Bedeutung der Sozialraumorientierung für sozialwirtschaftliches Handeln hat durch die sogenannten Sozialraum-Budgets zugenommen. Die einzelnen Dienstleister , die im Sozialraum tätig sind, können nicht mehr mit einer direkten Finanzierung ihrer Arbeit rechnen. Sie beziehen Ihre Mittel aus einem für das Aufgabengebiet bestimmtes aufgestellten Budgets des öffentlichen Trägers. Die Höhe des Budgets ist wiederum abhängig von den finanziellen Mitteln des Landkreises und somit abhängig von den finanziellen Mitteln der jeweiligen Kommunen. Politisches Interessen spielen hier ebenfalls eine Rolle. Inwieweit in den jeweiligen Gemeinderäten und Kreistagen es für wichtig erachtet wird den Sozialraum zu gestalten ist auch genauso entscheidend wie die finanziellen Mittel des Landkreises. Das Sozialraumbudget soll alle fallbezogenen und fallübergreifenden Leistungen , die im Sozialraum erforderlich werden abdecken.. Die Rechtsansprüche der Betroffen (KJHG) müssen ausreichend Beachtung finden. Im Rahmen des Budgets kann dann flexibel gehandelt werden. Natürlich kommt es darauf an wie aktiv Jugendhilfe gemacht und kommuniziert wird. Wo wenig Jugendhilfe angeboten ist wird sie in der Folge auch nicht so stark nachgefragt. Es besteht allerdings die Gefahr eines Versorgungsmonopols , wenn die örtliche

---

[36] Vgl. Schröder, Jan (Hg.), Niederschrift zu: Sozialraumorientierung und neue Finanzierungsformen -Kongreß Sozialraumorientierung und neue Finanzierungsformen - Konsequenzen für die Leistungsberechtigten und die Strukturen der Jugendhilfe" am 11.-12. Oktober 1999 in Frankfurt am Main; S18-21, Bonn2000

Koordination und Leistungserbringung einem einzigen Träger zugeordnet wird.[37] Diese Gefahr besteht für den Landkreis Böblingen nicht, da mehrer Träger auf der Angebotsseite einbezogen werden. Dennoch bedarf es stets eines kritischen Blickes. Man könnte die Sozialraumbudgets ja auch als eine geschickte Lösung des Problems sehen das zwischen Einsparungswillen der Kommunen einerseits und deren Bildungsanspruch andererseits entstehen. Es entstehen keinen Nachtragshaushalte mehr. Die schwierigen Diskussionen darüber entfallen. Jetzt sind die Leistungsträger und Leistungserbringer in der Situation mit dem vorhandnen Budget möglicht viel machen zu müssen. Im Spannungsfeld von Bürgern, Politik, Verwaltung und Mitarbeitern.[38]

## 8.) Abschließende Würdigung

Die Themen Ökonomisierung und die damit verbunden Instrumente der Finanzierung gewinnen über die letzten Jahre zunehmend an Bedeutung. Die Grundlage der Vereinbarung über Leistungsangebote , Entgelte und Qualitätsentwicklung ist der dritte Abschnitt des SGB VIII ( §78a-78g SGB VIII). In diesem Zusammenhang tritt das Kontraktmanagement zwischen öffentlichen und freien Trägern der Jugendhilfe in Erscheinung. Die vier wesentlichen Merkmale der §§78 a-g SGB VIII, die die gesamte Entwicklung mit Blick auf die Finanzierungsinstrumente begleiten und die konkrete Auswirkungen auf die Praxis haben, wurden skizziert. Um die geforderte Planungssicherheit und das gesicherte wirtschaftliche Auskommen des Leistungserbringers zu gewährleisten muss der Kostenträger gewisse Zugeständnisse machen, damit sich die Sozialunternehmen[39] nicht aus dem Markt Jugendhilfe zurückziehen und die Erfüllung der Rechtsansprüche den öffentlichen Trägern überlassen. Dennoch ist das Jugendamt nicht in der Lage, unterschiedlich nach Region, unbegrenzt über Mittel zu verfügen um sozusagen alles zu finanzieren. Der ökonomische Umgang mit Ressourcen wird von Politik und Gesellschaft auch in diesem Bereich eingefordert. In diesem Kontext wurden und werden dann die Finanzierungsinstrumente Pauschalfinanzierung über Vereinbarung, Entgelte, Fachleistungsstunde und Sozialraumbudget erarbeitet und ständig

---

[37] Wendt, Wolf Rainer; Sozialwirtschaft- Eine Systematik, in Studienkurs Management in der Sozialwirtschaft, Baden-Baden 2003, S.98-99.
[38] Vgl. Sozialraumbudgets und Kontraktmanagement -ein kritischer Kommentar zum Stuttgarter Beispiel, in Koch Josef; Lenz, Stefan: Integrierte Hilfen und sozialräumliche Finanzierungsformen, Frankfurt 2000, S. 71-84.
[39] Vgl. Jäger Steffi, Fleißer Michael; Sozialunternehmen –Konzepte und Praxis- unveröffentlichte Ausarbeitung, Tübingen 2004, insbesondere Markt für Sozialunternehmen und Erwartungen an Sozialunternehmen, S. 5-10.

weiterentwickelt. Ich habe den Fokus auf die Fachleistungsstunde, deren Ermittlung und das Sozialraumbudget gelegt.

Leistungsvereinbarungen beschreiben, welche Leistungen finanziert werden und wie diese Leistungen nach Inhalt, Umfang und Qualität beschaffen sein sollen. Die Finanzierung einer Leistung kann dann pauschal erfolgen. Beim Leistungsentgelt wird eine Vereinbarung über den Ersatz von Aufwendungen zur Erbringung einer definierten Leistung geschlossen. Es wird, um eine Verbindung zwischen der fachlichen Steuerung und der Finanzsteuerung zu erreichen notwendig, daß die dezentralen Entscheidungsstrukturen weiter aufgewertet und qualifiziert werden. Ein Schritt in diese Richtung kann die Regionalisierung der wirtschaftlichen Jugendhilfe sein.[40]

Die Fachleistungsstunde beinhaltet alle laufenden, betriebsnotwendigen Aufwendungen ( Personal- und Sachkosten, kalkulatorische Kosten ) einer Einrichtung, die mit ihrer Inanspruchnahme je Betreuungsstunde verbunden sind. Der Kostensatz der Fachleistungsstunde wird ermittelt, indem die Summe der jährlichen Aufwendungen durch die Anzahl der jährlich erbringbaren Betreuungsstunden der sozialpädagogischen MitarbeiterInnen dividiert wird. Mit der Fachleistungsstunde wird der Forderung nach Transparenz der Kosten im Bereich der Jugendhilfe in hohem Maße Rechnung getragen. Es zeigt sich, dass es verschiedene Arten der Ermittlung einer Fachleistungsstunde gibt. Der größte Minuspunkt der Fachleistungsstunde allerdings bleibt auch beim ausgefeiltesten Berechnungssystem bestehen. Sie ist ein einzelfallbezogenes Finanzierungsinstrument, das nicht auf Prävention hin ausgerichtet ist.

In diesem Zusammenhang tritt das Sozialraumbudget auf den Plan. Das Sozialraumbudget soll alle fallbezogenen und fallübergreifenden Leistungen , die im Sozialraum erforderlich werden abdecken, also auch eine präventiven Anteil haben, der dafür sorgt das der Bedarf erst gar nicht entsteht.

Fazit: Der Spielraum für marktwirtschaftliches Handeln wird auch im Bereich der Jugendhilfe zunehmend größer. Die impliziten Vor- und Nachteile eines solchen System sind also auch in der Jugendhilfe angekommen. Die Finanzierungsinstrumente Pauschalfinanzierung über Vereinbarung, Entgelte, Fachleistungsstunde und Sozialraumbudget tragen dazu bei. Dennoch erscheint es möglich mit der geschickten Verbindung von Sozialraumbudget und Fachleistungsstunde die Ausgaben im Sozialraum insgesamt transparent zu steuern.

---

[40] Vgl. Hamberger, Matthias –Abschlussbericht Bundesmodellprojekt INTEGRA im Landkreis Tübingen 2003, S 94.

## Gesetze, Rechtsverordnungen, Verlautbarungen und Verwaltungsanweisungen

| | |
|---|---|
| KGSt-Bericht. | [Kontraktmanagement 1998], Kontraktmanagement zwischen öffentlichen und freien Trägern in der Jugendhilfe, Bericht Nr. 12/1998. Az.:51 00 0, Köln im Dezember 1998 |
| Landschaftsverband Reinland, | [Entgeltsystem 2004] Landschaftsverband Rheinland: das Entgeltsystem in der Jugendhilfe S.1-3, unter www./vr.de/Fachbez/Jugend/fuer+Jugendaemter/ Erziehungshilfe/arbeitshilfen/entgelt.htm |
| Leistungsvereinbarung | [Leistungsvereinbarung 2004] Vereinbarung über die Leistungen des Familien- und Jugendhilfeverbundes zwischen den freien Trägern und dem Landkreis Böblingen als örtlichem Träger der öffentlichen Jugendhilfe (vertreten durch Landrat Bernhard Maier), unveröffentlichte Vereinbarung. |
| SGB VIII 2002 | [Sozialgesetzbuch 2002] Sozialgesetzbuch (SGB), Achtes Buch(VIII), Kinder- und Jugendhilfe, in Jugendrecht, i.d.F. vom 8. Dezember 1998, deutscher Taschenbuchverlag, 24. Auflage, 2002, dritter Abschnitt. Vereinbarungen über Leistungsangebote, Entgelte und Qualitätsentwicklung. |
| HGB 1999 | [Handelsgesetzbuch 1999] HGB Handelsgesetzbuch, i.d.F. vom 10. Mai 1897, deutscher Taschenbuchverlag, 32. Auflage 1998, drittes Buch. Handelsbücher, insbesondere § 238-330. |
| Sachverständigenkommission 2002 | [Sachverständigenkommission 2002] Die Sachverständigenkommission Elfter Kinder- und Jugendbericht, unter WWW. Bundestag.de/bp/2002/0202049a.html. Stand 25.06.2004 |

## Literaturverzeichnis

Coenenberg, Adolf G.; [Jahresabschluss 2000] Jahresabschluss- und Jahresabschlussanalyse, betriebswirtschaftliche, handelsrechtliche, steuerrechtliche und internationale Grundlagen, 17. Auflage Landsberg a. Lech 2000.

Haferkamp, Rainer; [Fachleistungsstunde 2004] Ohne Preis kein Fleiß?; Die Fachleistungsstunde als Steuerungsinstrument flexibel organisierter Erziehungshilfen im Finanzierungssystem der Jugendhilfe ; unter www..vsp-mv.de/seiten/fls_opkf.htm Stand: 20.07.2004

Hamberger, Matthias; [INTEGRA 2003] Abschlussbericht Bundesmodellprojekt INTEGRA im Landkreis Tübingen 2003, Tübingen 2003.

Hinte, Wolfgang: [Kontraktmanagement 2004] Kontraktmanagement und Sozialraumbezug. Zur Finanzierung von vernetzten Diensten, unter www.uni-essen.de/issab/publikat/kontrakt.htm, Stand 10.07.2004.

Jäger Steffi, Fleißer Michael; [Sozialunternehmen 2004] Sozialunternehmen – Konzepte und Praxis- unveröffentlichte Ausarbeitung, Tübingen 2004.

Koch Josef; Lenz, Stefan [Finanzierungsformen 2000] Sozialraumbudgets und Kontraktmanagement -ein kritischer Kommentar zum Stuttgarter Beispiel, in Koch Josef; Lenz, Stefan: Integrierte Hilfen und sozialräumliche Finanzierungsformen, Frankfurt 2000.

Kröge, Rainer; [Leistung, Entgelt und Qualitätsentwicklung 2004] Leistung, Entgelt und Qualitätsentwicklung in der Jugendhilfe; Online Handbuch zum SGB VIII. herausgegeben von Ingeborg Becker-Textor und Martin R. Textor unter www.Sgbviii.de/S45.html Stand 10.07.2004

Lampert, Heinz; Althammer, Jörg; [Sozialpolitik 2001] Lehrbuch der Sozialpolitik, 6. Auflage, Lauf an der Pegnitz, 2001.

Merchel, Joachim; [Leistung, Entgelt, Qualität 1999] Leistungsvereinbarung, Entgeltvereinbarung, Qualitätsentwicklungsvereinbarung, in Leistung, Entgelt und Qualitätsentwicklung in der Jugendhilfe; Neuwied 1999.

| | |
|---|---|
| Schröder, Jan | [Neue Finanzierungsformen 2000] Schröder, Jan (Hg.), Niederschrift zu: Sozialraumorientierung und neue Finanzierungsformen -Kongreß Sozialraumorientierung und neue Finanzierungsformen - Konsequenzen für die Leistungsberechtigten und die Strukturen der Jugendhilfe" am 11.-12. Oktober 1999 in Frankfurt am Main; S17-18, Bonn 2000 |
| Steger, Johann, | [Kosten- und Leistungsrechnung 1999 ] Kosten- und Leistungsrechnung, in Managementwissen für Studium und Praxis, 2. Auflage, München/Wien 1999 |
| Wendt, Wolf Rainer; | [Sozialwirtschaft 2003] Sozialwirtschaft -eine Systematik, in Studienkurs Management in der Sozialwirtschaft, Baden-Baden 2003. |
| Wiesner, Reinhard; | [Entgeltfinanzierung 1999] Die jugendpolitische Bedeutung der Neuordnung der Entgeltfinanzierung, in Kröger, Rainer, Leistung, Entgelt, Qualitätsentwicklung, Neuwied 1999 |

www.ingramcontent.com/pod-product-compliance
Lightning Source LLC
LaVergne TN
LVHW092059060526
838201LV00047B/1464